UNE

EXCURSION PÉDAGOGIQUE

AUX CHAMPS DE BATAILLES

DE LIGNY ET DE WATERLOO

CONFÉRENCES

FAITES AUX ASSOCIATIONS PHILOTECHNIQUES DE NEUILLY-SUR-SEINE
ET DE LA SECTION CAUMARTIN, A PARIS,
LES 15 ET 24 NOVEMBRE 1886.

PARIS
LIBRAIRIE LÉOPOLD CERF
13, RUE DE MÉDICIS, 13

1886

UNE

EXCURSION PÉDAGOGIQUE

AUX CHAMPS DE BATAILLES

DE LIGNY ET DE WATERLOO

CONFÉRENCES

FAITES AUX ASSOCIATIONS PHILOTECHNIQUES DE NEUILLY-SUR-SEINE
ET DE LA SECTION CAUMARTIN, A PARIS,
LES 15 ET 24 NOVEMBRE 1886.

PARIS
LIBRAIRIE LÉOPOLD CERF
13, RUE DE MÉDICIS, 13

1886

A MONSIEUR DÉSIRÉ NISARD

de l'Académie française.

C'est dans votre cottage hospitalier de Boitsfort, au milieu de cette forêt de Soignes où Napoléon voulait, le 18 juin 1815, rejeter les Anglais et les Prussiens, que j'ai éprouvé la tentation d'explorer le champ de bataille de Waterloo.

Je ne pouvais oublier d'ailleurs que j'étais reçu, en Belgique, par l'auteur des Considérations sur Napoléon Ier.

Permettez-moi donc, cher Maître, de vous dédier ce petit travail et, pour plus de sincérité, de vous l'offrir dans la forme même où il a été composé. J'espère qu'après l'avoir lu vous penserez, comme mes auditeurs, qu'en évoquant ces graves souvenirs j'ai fait œuvre de bon Français.

Léonce PERSON.

25 novembre 1886.

UNE EXCURSION PÉDAGOGIQUE

AUX CHAMPS DE BATAILLES DE LIGNY ET DE WATERLOO

CONFÉRENCES
FAITES AUX ASSOCIATIONS PHILOTECHNIQUES DE NEUILLY-SUR-SEINE
ET DE LA SECTION CAUMARTIN, A PARIS,
LES 15 ET 24 NOVEMBRE 1886.

MESSIEURS,

Lorsque, le 6 août 1870, à Reichshoffen, le général de Lartigue fit appeler le 8ᵉ cuirassiers pour tenter un dernier effort sur les lignes prussiennes qui le débordaient, il lança à ces braves gens qui allaient se précipiter à la mort au grand galop de leurs chevaux, quelques paroles vibrantes ; et de ce magnifique régiment qui avait passé le Rhin sous les yeux de Louis XIV, et qu'avait célébré Boileau ; qui avait combattu, à Seneffe, sous le prince de Condé ; qui s'était trouvé, à Valmy, avec le vieux Kellermann ; qui avait chargé à Eylau, à Friedland, à Eckmülh, à Essling, à Wagram, à Borodino....., le 6 août au soir, il ne revint que des débris. Eh bien, savez-vous quelles sont ces paroles magiques que leur fit entendre le général de Lartigue ? Debout sur ses étriers, et agitant en l'air son épée, le brave soldat leur dit simplement ceci : « Mes enfants, allez-y comme à Waterloo (1) ! »

Quand de tels souvenirs sont rajeunis de cette façon-là, c'est faire une œuvre bonne et une œuvre saine, que d'étudier,

---

(1) *Historique du 8ᵉ régiment de cuirassiers, 1665-1874*, chez Tanéra.

entre Français, cette page sanglante de notre histoire. Si je n'avais craint d'abuser d'un mot qu'il faut prononcer avec respect et, par conséquent, avec modération et réserve, j'aurais intitulé la conférence que vous voulez bien entendre, non pas une excursion pédagogique, mais plutôt une excursion patriotique aux champs de batailles de Ligny et de Waterloo.

En me rendant, ces vacances, sur ce terrain fatal,

> The grave of France, the deadly Waterloo,

comme l'a dit très noblement lord Byron, je rencontrai, à la gare de Bruxelles, un de nos compatriotes, personnage des plus considérables, qui me voyant avec des cartes et des plans sous le bras, me dit, non sans une certaine amertume : « A quoi bon toute cette stratégie, là où il n'y a qu'à » regarder et qu'à pleurer ? » Je répondis à mon éminent interlocuteur que regarder n'était pas déjà une opération aussi simple qu'on pourrait le croire, et qu'il fallait, en même temps, essayer de comprendre. « Quant à pleurer, ajoutai-je, » l'envie ne m'en manquera pas plus qu'à vous ; mais les » pleurs n'avancent à rien, s'ils ne sont accompagnés et » comme fécondés par le travail et par des résolutions vi- » riles. Or, soixante-dix ans après la bataille de Waterloo, » nous sommes arrivés de nouveau à une de ces heures som- » bres où il importe, pour nous régénérer, que nous appre- » nions non seulement à évoquer nos gloires, mais encore à » méditer nos tristesses... Voilà pourquoi je vais à Wa- » terloo, avec le regret que vous ne m'y accompagniez pas. »

S'il s'agissait, ce soir, de vous faire un récit aussi touchant et aussi dramatique qu'on puisse l'imaginer, une conférence serait bien inutile : une lecture la remplacerait avantageusement. Je n'aurais certes que l'embarras du choix, depuis Thiers et Vaulabelle désormais classiques, jusqu'à la *Suite du Conscrit de 1815* d'Erckmann-Chatrian ; depuis la *Chartreuse de Parme* de Stendhal, jusqu'aux *Misérables* de Victor

Hugo (1). Inutile aussi de vous rappeler, dans les *Châtiments*, le morceau éclatant qui commence par ces mots :

Waterloo! Waterloo! Waterloo! morne plaine!.....

non plus que la touchante histoire de Fougerel et Malapeyre, dans les *Belles Folies,* de Jules Claretie. Waterloo a tout inspiré en effet, l'histoire, la poésie et le roman. Peut-être même, irais-je chercher jusqu'en Norwège le tableau le plus complet et le plus saisissant qui ait été tracé de ce drame compliqué. C'est une délicieuse nouvelle du conteur Kielland, et cette nouvelle est encadrée de la façon la plus originale : jugez-en par ce début qui, sans doute, va vous surprendre :

Être amoureux n'est point chose désagréable en soi, sans compter que cela se trouve être d'accord avec les us et coutumes. Comme on peut se livrer de nos jours à ce divertissement sans avoir trop à craindre les sévérités paternelles, et que rien n'est plus facile que d'être fiancé, — état qui tient à la fois du mariage et du couvert mis dans une bonne famille, — si ce n'est de se *défiancer*, nul ne sera surpris d'apprendre que Hans se sentait le plus infortuné des hommes... il n'était pas le moins du monde amoureux.

Or M. Hans est un jeune étudiant qui, dans quelques instants, va recevoir le choc. Pour parvenir auprès d'une charmante personne qu'il croit être, par un malentendu des plus réjouissants, la fille du capitaine Schrappe, et pour mieux entrer dans les bonnes grâces du père, il écoute avec une patience angélique et avec une admiration que l'amour rend sincère, le récit de la bataille de Waterloo. C'était le thème favori, le *dada* du vieil officier.

Vous allez peut-être me demander, semblables aux Athéniens de la fable, quelles furent, pour le jeune Hans et

---

(1) Je dois avouer toutefois que mon enthousiasme pour le récit de la bataille de Waterloo dans les *Misérables* de Victor Hugo, s'est beaucoup refroidi, depuis que j'ai lu dans un écrivain militaire des plus distingués que ce fameux chapitre « avait défrayé, et à bon droit, la gaîté des critiques ».

Mlle Betty, les suites de la bataille. Permettez-moi de vous renvoyer à la *Revue suisse*, 87ᵉ année, 3ᵉ période, tome XIII, nº 37, page 86 (1). Vous trouverez là, traduite en excellent français, l'amusante idylle de Kielland. Greffée sur ce récit guerrier, elle me rappelait le tableau d'une de nos expositions où l'on voyait dans un taillis, entouré de verdure, couvert de mousse, un canon renversé sur son affût tout disloqué, et, perchée sur la grosse pièce de bronze, une fauvette qui chantait et qui saluait le printemps. Mais je reprends au plus vite le fil de mes idées.

A côté des récits, il y a eu, vous le savez, les discussions ardentes et les polémiques passionnées, les récriminations, les accusations et les blâmes ; il y a enfin les controverses savantes et les discussions techniques (2). Le mètre et le chronomètre en mains, on a tout mesuré, tout calculé, à quelques pas, à quelques minutes près. L'impitoyable critique n'a épargné ni les vainqueurs ni les vaincus. Wellington et Blücher ont eu à se justifier comme le maréchal Ney, le maréchal de Grouchy et Napoléon lui-même. On les a même chansonnés et représentés en caricature. On fit en Angleterre des portraits de Wellington et, au bas de l'image, se trouvaient quelques phrases satiriques

---

(1) A Lausanne, Genève, Bâle et Paris. A Paris, chez Charpentier et Cⁱᵉ.

(2) Je me bornerai à citer l'ouvrage bien connu du colonel Charras ; la *Vie de Wellington* par le général belge de Brialmont, et les sept conférences du lieutenant-colonel Chesney, professeur d'art et d'histoire militaires au collège de l'état-major à Sandhurst. En tête de son travail, Chesney indique toutes les sources et tous les documents originaux ou critiques, depuis Muffling et Clausewitz jusqu'à Hooper et Kennedy. Ce livre du colonel Chesney, traduit en français, se trouve, à Bruxelles, à la librairie Muquardt, le *Domaine* de la Belgique. L'ouvrage du général de Brialmont a paru en Belgique et, à Paris, chez Tanéra. Je rappelle ici que le général de Brialmont est en ce moment, avec le général Van der Smissen que la dernière et vigoureuse campagne contre les grévistes a rendu célèbre, la plus haute autorité militaire de la Belgique. C'est lui qui a fait les nouvelles fortifications d'Anvers, qui a organisé la défense de la Roumanie, et qui prépare en ce moment le grand travail des fortifications de la Meuse. — Les *Observations* du comte de Grouchy, en réponse à la *Relation* de Gourgaud, publiées en 1819 par le colonel de Grouchy, son fils, doivent être lues attentivement. Je citerai aussi le *Précis des batailles de Fleurus et de Waterloo*, par le maréchal de camp Berton qui commandait une brigade de dragons sous les ordres d'Exelmans.

que la gaieté française traduisit de cette façon (un certain air de stupeur, paraît-il, était peint sur les traits du héros) :

> D'où vient cet air d'étonnement
> Sur ce visage où dût briller la gloire ?
> C'est que le peintre a maladroitement
> Peint le héros le jour de sa victoire...

Si bien enfin que, dans le trouble de ces opinions discordantes, de sages esprits, désespérant de pouvoir atteindre la vérité, ont fait comme le prisonnier enfermé dans la Tour de Londres, lequel ayant commencé à écrire une *Histoire universelle* et ne pouvant obtenir que ses gardiens fussent d'accord pour lui expliquer la cause d'un tapage qui venait d'avoir lieu dans la cour, jeta, de dépit, tous ses livres et ses papiers au feu. C'est bien la peine, disait-il, de chercher à savoir ce qui est arrivé il y a trois mille ans, quand je ne puis même pas connaître ce qui se passe sous mes fenêtres !

Je me rappelle qu'un inspecteur général, savant mathématicien et fin lettré, M. Ritt, nous interrogeant en histoire, dans notre petit collège de province, nous disait : « A mon âge, je ne sais pas encore ma bataille de Waterloo ! » Eh bien, Messieurs, dût la prétention vous paraître bien ambitieuse, il m'a semblé, pour mon compte, qu'après avoir parcouru le terrain en tous sens, la vérité et la lumière se faisaient dans mon esprit. Et je ne parle pas tant de la vérité stratégique, pour la recherche de laquelle je n'ai pas de peine à me déclarer incompétent, que de la vérité morale : je veux dire qu'après avoir exploré le pays je me suis senti fortifié dans cette idée qui, j'en suis sûr, aura votre approbation : c'est de voir, avant tout, dans ce terrible désastre, le concours des faits et des circonstances, plus encore que la faute des hommes. A mesure que j'avançais, les efforts, les perplexités, les angoisses de tous ces grands acteurs me frappaient encore plus que leurs méprises et leurs erreurs, et je suis revenu de Waterloo en France avec la détermination bien arrêtée de ne prononcer jamais, dans un pareil sujet, le nom d'aucun Français qui ne méritât d'être plaint à cause de ses malheurs, ou d'être honoré à cause de sa vaillance. Cette conviction là, je vous l'assure, vaut bien le voyage.

Le drame a duré soixante heures. Il se compose de cinq actes distincts quoique indissolublement liés entre eux, comme une conséquence est liée à sa cause.

Acte I. — La Sambre.

Le premier acte est très simple et très brillant. Le 15 juin 1815, l'armée française passe la Sambre à Charleroy (et aux environs de Charleroy), surprend les Prussiens échelonnés de Charleroy à Namur et à Liège, et les refoule. — Ce fut le prince Jérôme, l'ex-roi de Westphalie, commandant une division d'infanterie, — celui-là même dont nous avons vu les obsèques à Paris, en 1860, — qui échangea les premiers coups de feu (1) avec l'ennemi. Un peu plus tard, dans cette même journée du 15, en avant de Fleurus, périt le général Letort frappé dans une charge brillante qu'il venait de fournir à la tête des escadrons de service de l'Empereur.

Acte II. — Ligny, de deux heures du soir a trois heures un quart.

Le deuxième acte est, à mes yeux, le plus compliqué de tous. Il forme le nœud du drame. Le 16 juin, Napoléon attaque et bat les Prussiens qui ont accepté la bataille à *Ligny,* pendant que le maréchal Ney essaye de refouler les Anglais qui arrivent aux *Quatre-Bras.* Arrêtons-nous ici, car la *victoire* de Ligny contient en germe et va nous expliquer le *désastre* de Waterloo. Elle m'apparaît comme une cause directe et immédiate. — On a fait un livre pour prouver que Napoléon n'avait jamais existé. Je vous fais ce soir une conférence pour établir

---

(1) Ce fut lui aussi qui, quoique blessé, déploya une grande énergie pour ramener en France, après le désastre, les débris de l'armée.

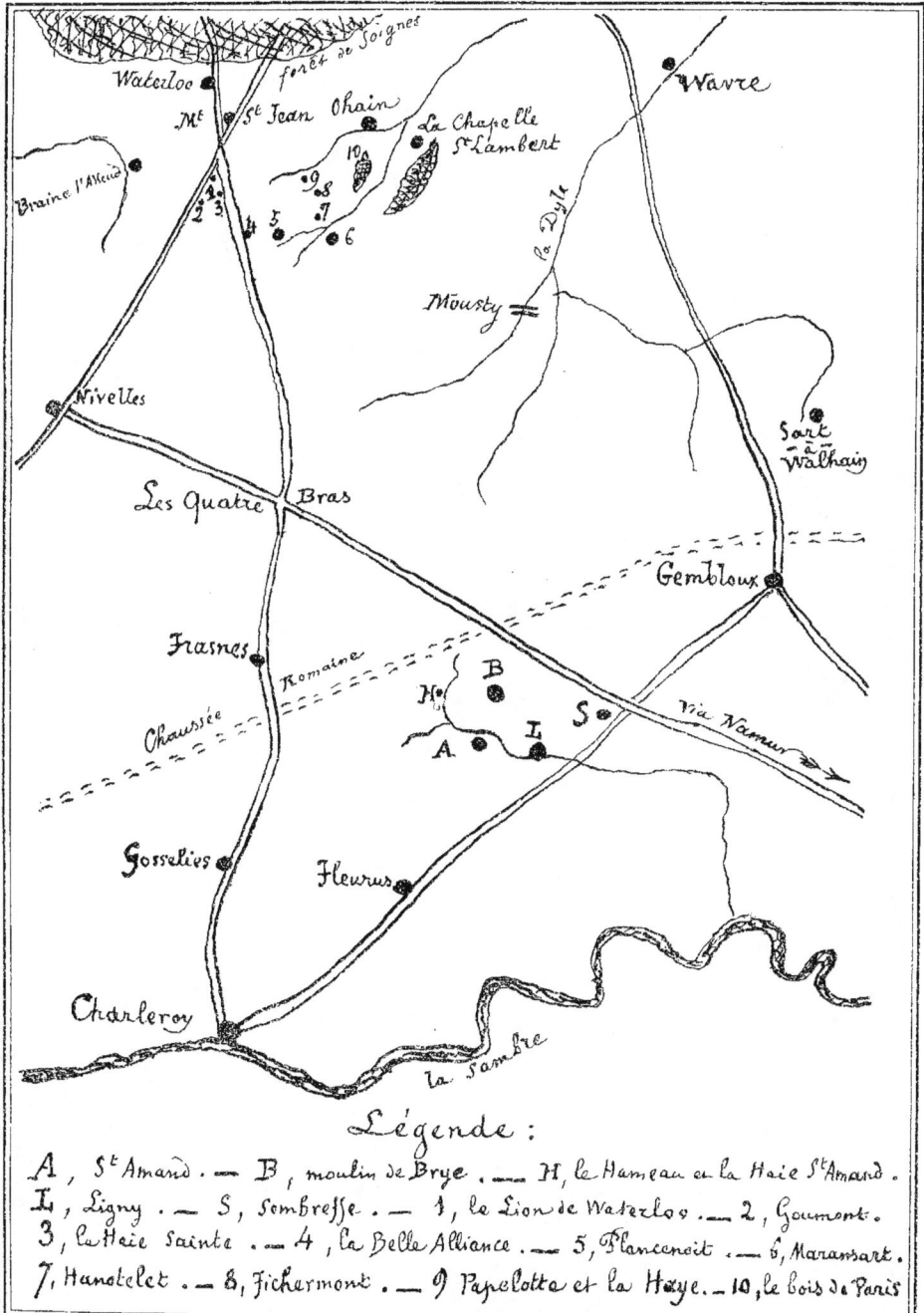

Légende :

A, St Amand. — B, moulin de Brye. — H, le Hameau et la Haie St Amand.
L, Ligny. — S, Sombreffe. — 1, le Lion de Waterloo. — 2, Goumont.
3, la Haie Sainte. — 4, la Belle Alliance. — 5, Plancenoit. — 6, Maransart.
7, Hanotelet. — 8, Fichermont. — 9 Papelotte et la Haye. — 10, le bois de Paris.

et prouver que la bataille de Waterloo, en date du 18 juin 1815, a été perdue à Ligny, le 16 juin de la même année.

L'idée de Napoléon, c'était de percer entre les deux armées ennemies ; de rejeter, en passant, les Prussiens dans une direction à droite, qui les mit dans l'impossibilité de rejoindre les Anglais soit en avant, soit en arrière de Bruxelles ; de marcher sur Bruxelles, en refoulant les Anglais à gauche ; et, une fois maître de Bruxelles, d'achever l'une et l'autre des deux armées ennemies prises séparément, plus séparément que jamais. Napoléon (cela résulte très nettement de ses ordres et de ses instructions) tenait à entrer à Bruxelles le lendemain même, si c'était possible, du passage de la Sambre. L'Empereur voulait par là produire un grand effet moral en Europe et en France, et décourager les émigrés. Et, puisque je prononce le nom des émigrés, je veux au moins vous citer cette belle parole de l'un d'eux, Chateaubriand, qui disait le 18 au matin, en entendant le canon : « Bien qu'un succès de Napoléon m'ouvrît un exil éter-
» nel, la patrie l'emportait dans mon cœur ; mes vœux étaient
» pour l'oppresseur de la France, s'il devait en sauvant notre
» honneur, nous arracher à la domination étrangère (1). »

Une année auparavant, Mme de Staël avait imaginé une solution plus originale : « J'étais à Londres, en 1814, dit-elle, et
» l'un des ministres anglais me demanda ce que je souhaitais.
» J'osai lui répondre que mon désir était que Bonaparte fût
» victorieux et tué (2). »

La résistance inattendue des Prussiens, à Ligny, bouleversa tous les projets et toutes les espérances de Napoléon, en rendant plus impérieuse que jamais, cependant, la nécessité où il était déjà de battre les deux armées séparément.

Les Prussiens de Blücher étaient au nombre de 116,000 (d'après Chesney) ; les Anglais, ou pour mieux dire, l'armée bigarrée et composite, commandée par Wellington, — Anglais, Hanovriens, Hollandais, Belges, contingents et régiments de

---

(1) *Mémoires d'outre-tombe.*
(2) *Considérations sur la Révolution française.*

Nassau, etc., ces derniers même, n'ayant pas eu le temps de changer d'habits et portant encore l'uniforme français des dernières guerres où ils avaient servi à côté de nous (1), — cette armée, que nous appellerons l'armée des Anglo-Hollandais, comptait environ 106,000 combattants (d'après Chesney; 95,000 d'après Charras). Notre artillerie et notre cavalerie étaient, de l'aveu de tous, supérieures, en qualité et en nombre, à l'artillerie et à la cavalerie de l'une ou de l'autre armée ennemie prise séparément; mais cela n'en faisait pas moins, les ennemis étant réunis, 222,000 hommes dont il fallait que Napoléon empêchât la jonction à tout prix, car il disposait à peine, pour son compte, de 125,000 soldats (2). Il fallait donc qu'en Belgique, dans cette plaine de Fleurus où Jourdan avait battu, en 1794, 45,775 Autrichiens avec 81,000 hommes (3); il fallait que Napoléon renouvelât quelques-uns des prodiges de la campagne de France de 1814.

A Ligny, Napoléon avait avec lui 68,000 combattants (Charras); le reste de l'armée française était avec le maréchal Ney aux Quatre-Bras, pour barrer le passage aux Anglais qui approchaient. Un corps de troupes de 10,000 hommes, commandé par *Mouton, comte de Lobau*, et qui fut, par la volonté expresse de Napoléon, maintenu toute la journée en dehors du champ de bataille, ne peut être raisonnablement ajouté au total des forces dont disposait l'Empereur. Quant aux Prussiens, ils étaient 87,000, non compris également le corps de *Bülow* (30,000 hommes) qui n'arriva pas à temps à Ligny le 16 juin, mais qui, hélas! devait, le 18, nous porter, à Waterloo, les premiers coups! On peut dire que, le 16 juin, Bülow a été

---

(1) Cet uniforme français va, le 18, à Waterloo, les faire fusiller et décimer par Blücher qui accourait à leur secours (*Vide infra*, p. 34). Nul doute que toutes ces troupes ne fussent très solides et fort braves ; elles ne nous l'ont que trop prouvé ! Toutefois Wellington n'était pas très rassuré ; il appelle quelque part son armée une abominable armée, *an infamous army*.

(2) D'après Napoléon, 115,000 hommes ; d'après Thiers, 124,000 ; d'après Charras, 128,000, dont 3,500 non combattants.

(3) Ce chiffre inférieur, de 45,775 Autrichiens, est attesté dans l'ouvrage, tout à fait hors de pair, de Düller, *L'Archiduc Charles* (*Erzherzog Carl von Œsterreich*).

pour les Prussiens ce que, le 18, Grouchy sera pour les Français. Ni l'un ni l'autre ne sont arrivés !

La bataille de Ligny s'engagea à deux heures et demie, et les juges les plus compétents ont regretté qu'elle commençât si tard. Figurez-vous, des deux côtés, deux plateaux cultivés, une série de champs de blé aboutissant, par une pente légère, à une petite vallée au fond de laquelle coule un petit ruisseau bordé d'arbres et de peupliers. A côté de ces très légers mouvements de terrains, les coteaux de Suresnes, de Saint-Cloud, de Meudon ou de Sceaux paraîtraient des montagnes gigantesques. Le petit ruisseau peut être franchi en une bonne enjambée, mais ses rives sont parfois assez escarpées et son cours est rapide. Aujourd'hui il fait fonctionner, à Ligny même, une usine où l'on taille des pierres extraites de carrières profondes creusées, à ciel ouvert, aux environs. Sur les rives du ruisseau et formant un demi-cercle, voici à gauche, en avant du cours d'eau, le village de *Saint-Amand* avec ses deux écarts, *Le Hameau* et *La Haye ;* au centre de l'attaque, voici le village de *Ligny*, séparé en deux par le ruisseau, et à l'autre bout du demi-cercle, à notre extrême droite par conséquent, le petit village de *Sombreffe,* fièrement campé, avec son clocher, à l'extrémité d'un plateau. Des deux côtés, la plaine et les coteaux, avec leurs immenses champs de blé, ont un air tout beauceron. Si vous êtes montés dans les clochers de Chartres, vous avez l'idée de ce pays. Mais les hameaux et les villages, avec leurs maisons entourées de jardinets et de vergers, leurs chemins creux bordés de saules et d'épines, ont un air tout percheron. Cela va être pour nos soldats comme autant de petites Saragosses normandes où la lutte sera pleine de surprises et de fusillades à bout portant, dans les maisons, derrière les murs et à travers les haies. Enfin remarquez bien, au-dessus de tout cela, cette grande route en travers qui va de *Namur* à *Nivelles* et qui, par les *Quatre-Bras*, conduit à *Bruxelles* (1). C'est par là que les Prussiens peuvent donner la main aux Anglais. Le but de Na-

---

(1) La ligne ponctuée indique une ancienne chaussée romaine.

poléon est donc d'enlever aux Prussiens cette communication et de les rejeter à droite sur Namur et sur Liège, pendant que Ney empêchera les Anglais de passer aux Quatre-Bras, et de venir au secours des Prussiens.

A deux heures et demie donc, le général Girard (ne confondez pas *Girard* avec *Gérard*, commandant d'un corps d'armée), Girard, avec sa division et le général *Vandamme* avec son corps d'armée (divisions *Lefol*, *Berthezène*, *Hubert* et cavalerie *Domont*) attaquent Le Hameau, La Haye et Saint-Amand. A deux heures trois quarts, le général Gérard — celui-là même qui devait, en 1832, nous conduire au siège d'Anvers et faire de la Belgique un royaume indépendant — le général Gérard ouvre le feu sur Ligny (division *Pécheux, Vichery, Hulot* et cavalerie *Morin*). Enfin, à la droite, le maréchal de Grouchy, qui avait, à cause de son grade, une sorte de commandement général sur toute l'armée de Ligny, fut spécialement chargé, à la tête d'une forte réserve de cavalerie (*Pajol, Exelmans* avec les dragons, *Milhaud* avec des cuirassiers), de contenir la gauche des ennemis et de les empêcher de nous déborder sur notre droite. De deux heures et demie à six heures, la lutte est pleine de péripéties. C'est un combat acharné, horrible, à coups de canon et de mitraille, de feux de pelotons et de feux de tirailleurs, sans parler des combats à l'arme blanche. Les villages sont plusieurs fois pris et repris par les Français et les Prussiens. Au Hameau, le brave Girard est tué vers quatre heures, et ses deux brigadiers sont mis hors de combat. Girard était une des plus belles âmes de soldat qu'on pût voir ; à Lutzen, où il avait reçu deux balles, il s'était conduit comme un héros. Le vieux *Blücher* et ses deux chefs de corps, *Zieten* et *Pirch I* (1), se jettent et se rejettent avec fureur sur Le Hameau, sur La Haye et sur Saint-Amand. Notre situation est à chaque instant compromise. Vandamme est en détresse.

Cependant Napoléon avait compris de bonne heure qu'il

---

(1) *Pirch I* est un commandant de corps d'armée ; *Pirch II* désigne un divisionnaire de cette même armée.

avait devant lui, à Ligny, plus d'ennemis qu'il ne pensait d'abord, et qu'il avait affaire à forte partie. Le général *Friant*, qui commandait les bonnets à poil (la garde n'avait pas encore donné), s'approcha et lui dit : « Vous n'en viendrez pas à » bout si vous ne les prenez à revers ». A revers, cela voulait dire évidemment par leur droite à eux, par notre gauche à nous — car, par cette droite, les Anglais n'étant pas là, Blücher était en l'air, comme disent les militaires. — « Sois tranquille, répond Napoléon, j'ai déjà donné l'ordre, je vais le faire répéter; » et alors, à trois heures et quart, — notez bien cette heure, Messieurs, c'est une heure solennelle dans notre histoire, c'est une heure inscrite dans le grand livre des destins, — à trois heures et quart, Napoléon envoya au maréchal Ney cette dépêche mémorable qui marquait, à la fois, la grandeur de sa conception, la fertilité de son génie, mais aussi l'immensité du péril où il s'était engagé, péril, je crois, qu'il n'avait pas prévu le matin.

En avant de Fleurus, le 16 juin à trois heures et un quart.

Monsieur le Maréchal,

. . . En ce moment l'engagement est très prononcé ; Sa Majesté me charge de vous dire (c'est le maréchal *Soult*, duc de Dalmatie, naguère ministre de la guerre de Louis XVIII, aujourd'hui major général de l'armée de Napoléon, qui écrit) que vous devez *manœuvrer sur-le-champ* de manière à envelopper la droite de l'ennemi et tomber à bras raccourcis sur ses derrières ; cette armée est perdue si vous agissez vigoureusement ; *le sort de la France est entre vos mains.* Ainsi n'hésitez pas un instant pour faire le mouvement que l'Empereur vous ordonne, et dirigez-vous sur les hauteurs de *Brye* et de Saint-Amand pour concourir à une victoire peut-être décisive. L'ennemi est pris en flagrant délit, au moment où il cherche à se réunir aux Anglais.

Et quelques instants après, l'Empereur répète cet ordre en envoyant au maréchal Ney une note écrite au crayon, qu'il confie à son aide de camp, le général *de La Bédoyère*. Cette note prescrivait au maréchal Ney de diriger sur Ligny un de ses corps d'armée, le corps d'armée commandé par le général *Drouet d'Erlon* (1).

Messieurs, il est trois heures et quart, et nous avons vu que l'on va se battre à Ligny jusqu'à six heures du soir, sans résultat appréciable; quittons donc un instant ce glorieux champ de bataille, où la lutte va se poursuivre avec le plus féroce acharnement jusqu'à la tombée de la nuit; suivons les deux messagers que vient d'expédier l'Empereur, et allons voir ce que deviennent, du côté du maréchal Ney et du duc de Wellington, les destinées de la France, c'est-à-dire de quelle manière purent être exécutées les instructions de Napoléon, et comment vont être compris ses pressants appels.

Acte II bis. — La bataille des Quatre-Bras.

Messieurs, le maréchal Ney était arrivé auprès de Napoléon, à Charleroy, la veille seulement, c'est-à-dire le 15 juin, à quatre heures du soir. Il venait, en toute hâte, de sa terre des *Coudreaux* (2), en Eure-et-Loir, et il était parti si précipitamment qu'il n'avait ni chevaux, ni état-major, ni équipage (3). Illico, sans qu'il eût le temps de se reconnaître, Napoléon lui donna 45,000 hommes, c'est-à-dire le corps d'armée du général *Reille*, qui avait pour divisionnaires, *Bachelu*, *Foy* et le prince *Jérôme*; le corps d'armée de *Drouet d'Erlon*, qui avait pour divisionnaires, *Alix*, *Marcognet*, *Durutte*; plusieurs régiments de cavalerie légère commandés par le général *Piré*, que nous retrouverons le 1er juillet à Versailles et à Rocquencourt; la brigade de cuirassiers commandée par *Kellermann*, le fils du vieux duc de Valmy, et la cavalerie légère de la garde, sous les ordres de *Lefebvre-Desnouettes*. Allez,

---

(1) *Lettre de d'Erlon au duc d'Elchingen*, 9 février 1829, citée par Charras, t. 1, pp. 259 et 361.

(2) La terre des Coudreaux fut achetée, en 1824, par le lieutenant de Ney aux Quatre-Bras et à Waterloo, le maréchal Reille dans la famille duquel elle est restée.

(3) Il était seulement accompagné de son aide de camp, le colonel *Heymès*.

dit l'Empereur à Ney, et poussez l'ennemi. Le maréchal Ney prend de ces 40 à 45,000 hommes ce qui était immédiatement, sous sa main, prêt à marcher, et il s'avance aussitôt — le 15 au soir, par conséquent — dans la direction des Quatre-Bras. (Voir *Le Maréchal Ney*, par Claude Desprez, Hachette, 1881.)

Ce soir-là, le 15, il n'y avait que très peu d'ennemis aux Quatre-Bras, tout au plus une brigade d'avant-postes échelonnée sur la route et commandée par le jeune duc Bernard de Saxe-Weimar. Voici pourquoi ou plutôt voici comment cela se faisait. Les Prussiens, avons-nous dit, avaient été surpris dans cette matinée et dans cette journée du 15, et ils nous avaient livré le passage de la Sambre. Les Anglo-Hollandais, eux, qui étaient cantonnés bien plus loin, du côté de Bruxelles, n'ayant, sur la route de Charleroy à Bruxelles, aux environs de Frasnes, qu'une brigade d'avant-postes, les Anglais, dis-je, ne pouvaient pas être surpris *matériellement*, comme les Prussiens ; ils le furent du moins *moralement*. L'impassible Wellington ne savait pas encore de quel côté Napoléon allait se diriger, et il attendait, pour donner ses ordres de marche, que notre mouvement se dessinât, soit d'un côté soit d'un autre. Toutefois cet esprit méthodique avait prévu ce qu'il aurait à faire dans telle ou telle hypothèse, c'est-à-dire dans le cas où Napoléon se jetterait d'abord sur lui ou sur les Prussiens ; la seule hypothèse qu'il n'avait pas prévue, c'était que l'armée française passerait si facilement et si rapidement la Sambre. Aussi le 15 au soir, pendant que le maréchal Ney partait pour les Quatre-Bras, et que Napoléon, avec ce qui lui restait de troupes, inclinait sur le triangle Fleurus — Saint-Amand — Sombreffe, le duc de Wellington faisait sa grande toilette de soirée et se rendait avec un brillant état-major, en habit de gala, à un bal que donnait, à Bruxelles, la duchesse de Richemond. C'est là qu'il reçut du général prussien Zieten une dépêche pressante l'informant des mouvements et des premières attaques de l'armée française. L'émotion fut grande, paraît-il. Lord Wellington causait, dans l'embrasure d'une fenêtre, avec le duc de Brunswick, commandant d'une division anglo-brunswickoise, lequel va être tué le lendemain aux Quatre-Bras. Le duc de Brunswick avait sur ses genoux un jeune enfant, le futur prince de Ligne, plus tard, sous le règne de Louis-Philippe, ambassadeur de Belgique à Paris. La secousse et l'émotion furent telles, que le duc de Brunswick laissa tomber lourdement à terre le pauvre petit, qui ne se doutait guère de la gravité de la situation (1).

Mais ce premier et rapide moment passé, le duc de Wellington se dit qu'il avait dans sa poche le plan n° 1, le plan n° 2 et le plan n° 3, etc.; il tira donc de cette poche le numéro qui répondait à la situation indiquée, et fit immédiatement expédier les ordres nécessaires, à savoir : concentration de l'armée anglo-hollandaise et marche sur les Quatre-Bras pour pouvoir, de là, donner la main aux Prussiens dès le lendemain 16 juin. Cela fait, sans témoigner la moindre émotion, l'*Iron Duke* resta à souper chez la duchesse de Richemond et, de la salle du festin ou du bal, on put entendre, dit le général de Brialmont, le roulement des canons et la marche cadencée des régiments qui, en vertu d'ordres préparés avant le bal, se portaient en toute hâte vers la forêt de *Soignes*.

Nous sommes en ce moment, à deux heures du matin, dans la nuit du 15 au 16, à Bruxelles et au bal, chez la duchesse de Richemond. Or précisément, à cette même heure, le maréchal Ney et l'empereur Napoléon sont en conférence, à Charleroy. Le maréchal Ney explique à l'Empereur qu'il n'a pas voulu, qu'il n'a pas pu, ou qu'il n'a pas osé attaquer les Quatre-Bras. Il a chassé devant lui les avant-postes anglais, de Frasnes aux Quatre-Bras ; mais arrivé là, craignant de se trouver trop en avant, trop en l'air, trop exposé, et la nuit approchant, il n'a pas attaqué ce coupe-gorge entouré de bois et il a décidé d'attendre au lendemain pour s'en emparer (2). L'Empe-

---

(1) Vaulabelle, t. II, p. 465.
(2) La brigade ennemie qui se replia de Frasnes aux Quatre-Bras, le 15 juin au soir, et qui s'y maintint, en face de Ney, était commandée, avons-nous dit, par le colonel prince Bernard de Saxe-Weimar. C'était une brigade du régiment de Nassau. Elle appartenait à la division Perponcher et faisait par conséquent partie du corps d'armée hollandais du prince d'Orange. Ce sont ces Nassau qui,

reur n'accueille pas cette communication avec une très grande satisfaction, mais enfin il pense, comme Ney, que ce n'était que partie remise. On se quitta là-dessus, et nous voilà revenus, Messieurs, au 16 juin, au jour de la bataille de Ligny et de la bataille des Quatre-Bras.

Nous avons dit que cette bataille avait commencé trop tard (à deux heures et demie). Les uns, comme Charras, y ont vu la faute des hommes. D'autres, comme Thiers, et ceux-là plus près, à mon sens, de la vérité, y ont vu la faute des circonstances.

Dans la matinée, Napoléon établi à Fleurus avait donné tous les ordres nécessaires pour que les troupes prissent leurs positions de combat. Au même moment, vers onze heures du matin, le duc de Wellington se rendait en toute hâte auprès de Blücher et avait, au moulin de Brye, une entrevue avec son allié ; il promit au général prussien de lui venir en aide, s'il n'était pas lui-même aux prises avec les Français. Il le fut, et ne put accomplir la promesse qu'il avait faite aux Prussiens. En effet, pendant que Napoléon, dans l'après-midi, engageait la bataille à Ligny, Ney se battait aux Quatre-Bras. Il se consumait en vains efforts, il est vrai, pour prendre les Quatre-Bras. Il n'y réussit point. Les troupes anglo-hollandaises grossissaient d'heure en heure. En vain Guilleminot, Bachelu, Jérôme et Foy ; Kellermann avec les cuirassiers ; Piré avec les chasseurs et les lanciers ; Lefebvre Desnouettes avec la cavalerie légère de la garde, déployèrent dans cette lutte la plus brillante valeur. C'est là que Kellermann qui conduisait le 8ᵉ et le 11ᵉ cuirassiers, renversé, sans épée et sans chapeau, n'échappe à l'ennemi qu'en s'accrochant de chaque main aux chevaux de deux cuirassiers qui le ramenèrent ventre à terre, c'est le cas de le dire ; c'est là que fut tué le duc de Brunswick, que nous avons vu la nuit précédente au bal de la

---

le 18 juin, à Waterloo, portant encore l'uniforme français, seront fusillés aux environs de *Fichermont* par les premières troupes de Blücher qui débouchaient de ce côté en venant à leur secours. (*Vide infra*, p. 34.)

duchesse de Richemond ; c'est là que Ney, comprenant bien que les choses ne marchaient pas comme il faudrait, et ayant comme un pressentiment du sort qui l'attendait, s'écriait, en voyant les boulets tomber autour de lui : « Ces boulets-là, je voudrais les avoir tous dans le ventre (1) ! » Mais malgré tout, Ney retenait les Anglais. Ney empêchait Wellington de secourir Blücher et, par conséquent, sauvait Napoléon d'un désastre formidable à Ligny. Ce premier résultat n'était donc point négatif. On ne saurait trop le répéter : si Wellington avait pu passer avec deux ou trois divisions, et s'engager sur cette route de Nivelles à Namur, nous étions bien compromis, peut-être même perdus à Ligny ! Ney a empêché cela. C'était donc un résultat. Mais il nous fallait plus que cela, pour écraser les Prussiens : il ne fallait pas seulement que Wellington fût empêché de secourir Blücher : il fallait encore que Ney lui-même pût secourir Napoléon ; il fallait que Ney, à son tour, pût détacher un corps d'armée, le corps de Drouet d'Erlon, par exemple, qui était disponible et dont l'arrivée en temps utile sur le champ de bataille de Ligny eût transformé la défaite des Prussiens en un vrai désastre. L'épisode Drouet d'Erlon et la seconde partie de la bataille de Ligny constituent donc ce que j'appelle le troisième acte du drame, ce qui est à mes yeux, Messieurs, le point culminant de cette douloureuse épreuve.

ACTE III. — LA BÉDOYÈRE ET DROUET D'ERLON. — FIN DE LA BATAILLE DE LIGNY.

Charles de La Bédoyère, chargé de porter au maréchal Ney la dépêche au crayon qui suivait l'ordre de trois heures et

---

(1) Ney sentait bien que, politiquement, il était mal embarqué. Il pensait déjà que ni sa brillante valeur, ni sa gloire militaire ne le préserveraient des terribles représailles qui l'attendaient. Le surlendemain, à Waterloo, il disait à Drouet d'Erlon, qui était quelque peu compromis aussi, mais d'une autre manière : « Si nous ne mourons pas ici, il ne nous reste plus qu'à tomber sous les balles des émigrés », ou d'après une autre version : « Toi et moi nous serons pendus. »

quart (l'ordre qui disait : *Le sort de la France est entre vos mains*), — cet aide de camp n'était autre que le colonel du 7ᵉ de ligne, qui, à Grenoble, le 7 mars de la même année, était venu se jeter dans les bras de l'Empereur. C'était un homme de vingt-neuf ans qui n'a plus, entre parenthèses, que soixante jours à vivre. Le 15 août 1815 il sera condamné à mort, à l'unanimité, par un conseil de guerre et fusillé, quatre mois avant le maréchal Ney. Cet homme ardent, entreprenant, rencontra à moitié chemin le corps d'armée de Drouet d'Erlon qui se rendait de Frasnes aux Quatre-Bras pour soutenir le maréchal Ney, sous les ordres duquel il était expressément et immédiatement placé. La Bédoyère prit sur lui de changer la direction des premières colonnes et de les faire marcher du côté de Saint-Amand. Bientôt après, il rencontra Drouet d'Erlon lui-même et lui montra le billet au crayon qu'il était chargé de remettre au maréchal Ney. D'Erlon qui entendait la canonnade des Quatre-Bras et qui avait reçu de son chef immédiat, le maréchal Ney, l'ordre formel de se rendre sur ce point, fut bien embarrassé. Il suivit le nouveau mouvement que La Bédoyère avait imprimé à ses colonnes, mais avec lenteur et sans conviction ; et en même temps il envoya son propre chef d'État-major demander des instructions précises à Ney. Ney se récria. Il se trouvait aux Quatre-Bras dans une position critique. Non seulement, disait-il, il ne pouvait fournir un secours à l'Empereur, mais il en attendait plutôt de l'Empereur lui-même.

Il avait en face de lui, ajoutait-il, toute l'armée anglaise ; c'était une chose affreuse que de dégarnir les forces qui lui avaient été remises. Le corps d'armée de Drouet d'Erlon lui était donc indispensable pour l'instant ; il le rappela par un ordre des plus impératifs ; et c'est ainsi que Drouet d'Erlon, poussé par La Bédoyère, déboucha vers cinq heures en vue de Saint-Amand, où Vandamme le prit de loin pour un corps d'armée prussien, ce qui augmenta fort le désordre de ce côté-là ; puis, rappelé par Ney, s'éloigna aussitôt, après être apparu un instant dans le lointain aux combattants de Ligny, pour parvenir seulement à la nuit tombante devant les Quatre-Bras....., que le maréchal Ney venait d'évacuer !

Ainsi, dans un espace de quelques lieues, les 20,000 hommes de Drouet d'Erlon ont erré sans tirer un coup de fusil, également inutiles à Ney et à Napoléon, apparaissant à l'un et à l'autre et disparaissant bientôt après, comme un navire qui passe à l'horizon, sans apercevoir le naufragé sur sa planche, qui l'appelle et lui fait signe (1). Voilà ce qui a empêché la bataille de Ligny d'être pour nous une victoire décisive. Cette fausse manœuvre est grosse de conséquences : Drouet d'Erlon ne se le dissimula pas ; voici ce qu'il a écrit dans sa *Vie militaire dédiée à ses amis* (1844) : « La fatale idée qu'a eue le maréchal
» Ney de me rappeler à lui a empêché la bataille de Ligny
» d'avoir les résultats que l'Empereur en attendait. *Sans cela*
» *la bataille de Waterloo n'aurait probablement pas eu*
» *lieu.* »

Pour tous les détails de cette discussion et de cette hypothèse, je vous renvoie aux notes qu'ont échangées, dans leurs ouvrages, Thiers et le colonel Charras. — Mais cette odyssée des 20,000 hommes de Drouet d'Erlon n'est-elle pas quelque chose de plus extraordinaire encore que l'odyssée de Grouchy, le jour de Waterloo ?

Napoléon dut donc gagner la bataille de Ligny sans le secours qu'il avait rêvé. Réduit à ses seules forces, il engagea la garde avec du canon et commanda des charges de cavalerie. Blücher, plus acharné que jamais et, sans doute, espérant jusqu'à la dernière minute voir arriver les Anglais, tenta à la nuit tombante, sur le plateau de Brye, un suprême effort. Renversé dans un dernier assaut, il fut foulé aux pieds des chevaux des cuirassiers de Milhaud. Ceux-ci lui passèrent sur

---

(1) Toutefois, dans cette poignante incertitude, Drouet d'Erlon avait laissé aller dans la direction de Brye une de ses divisions, la division Durutte, qui, à la fin de la journée, envoya quelques coups de feu aux Prussiens. Les critiques ont dit : Pourquoi, en voyant approcher d'Erlon, Napoléon ne l'a-t-il pas retenu ? Nous répondons : Napoléon a dû penser que le mouvement ordonné suivrait son cours. En tous cas, d'Erlon débouchait trop bas. C'est par les Quatre-Bras, par la route de Nivelles à Namur qu'il eût fallu venir.

le corps sans l'apercevoir. Quelle belle prise nous avons manquée là ! Enfin la garde et les bataillons de Gérard d'un côté, et le corps d'armée de Vandamme de l'autre, se rejoignent sur le plateau. La nuit tombe, nos soldats sont éreintés ; les morts, les mourants et les blessés des deux nations encombrent les villages et les champs. Les Prussiens peuvent s'éloigner lentement sans être inquiétés. C'est seulement le lendemain que Napoléon donnera l'ordre au maréchal de Grouchy de les poursuivre.

Mais déjà, sur l'ordre du chef d'Etat-major prussien, Gneisenau, qui avait pris le commandement à la place de Blücher tout meurtri de sa chute, déjà, dis-je, les Prussiens avaient décampé et pris de l'avance sur nous, qui devions les poursuivre le lendemain.

Vous voyez maintenant, Messieurs, comment cette victoire incomplète du 16 nous expliquera le désastre du 18. Ces mêmes Prussiens battus, mais non écrasés, vont se reformer et ils viendront, le 18, au secours de Wellington. Si Ney avait pu se rendre maître des Quatre-Bras ou y contenir simplement les Anglais, et s'il avait envoyé en temps utile, par la route de Nivelles à Namur, un corps d'armée, le désastre des Prussiens était certain et irréparable. Napoléon, dit-on, se montra fort contrarié : le « *Rougeot* a reçu une bonne semonce » : disaient les soldats ; le capitaine Coignet dit, dans ses *Cahiers :* « Le » maréchal Ney fut tancé, car il n'y avait, pour commencer, aux » Quatre-Bras, que les *sans-culottes.* » C'est ainsi qu'on désignait les troupes écossaises. Quant à moi j'avoue n'avoir nulle envie d'instruire ce procès à la suite de Thiers, accusateur très sévère, et de Charras, défenseur ardent du maréchal Ney. Je me contenterai de vous exposer une petite hypothèse de mon invention, laquelle ne fera de mal à personne et n'attaquera aucune mémoire.

Eh bien, supposons qu'au lieu de commander notre droite à Ligny, Napoléon ait pris pour lui le commandement de notre gauche aux Quatre-Bras, et confié à Ney le soin de combattre et de battre les Prussiens à Ligny. Que serait-il advenu ? Je ne vois que des réponses favorables à cette question. Comme manœuvres stratégiques, la bataille de Ligny n'offrait aucune complication. Il fallait seulement, pour emporter ces trois villages et en débusquer les Prussiens, déployer beaucoup de ténacité et faire preuve d'une énergie indomptable. Le maréchal Ney était tout à fait l'homme de cette situation. Je le vois d'ici animant tout le monde de son ardeur, pénétrant, l'épée à la main, dans le village de Ligny ou dans celui de Saint-Amand, faisant enfoncer les portes, abattre les clôtures, et disant à ses soldats, non pas comme il va le dire dans quarante-huit heures : « Vous allez voir comment meurt un maréchal de France »; mais bien : Vous allez voir comment un maréchal de France sait gagner une bataille... S'il s'engage trop témérairement, s'il sent le besoin de demander du secours à Napoléon, eh bien, cette faute devient peut-être le salut et ne fait que précipiter l'issue de la lutte : car Napoléon, lui, commandant aux Quatre-Bras, et jugeant froidement de la situation en face des Anglais, aurait été en mesure d'envoyer des renforts à son lieutenant, c'est-à-dire d'exécuter sa belle conception de trois heures un quart, de faire le rabat sur les Prussiens. Maître des Quatre-Bras, ou se contentant simplement d'y tenir les Anglais en respect, Napoléon, sans inquiétude, sans hésitation, eût détaché le corps d'armée de Drouet d'Erlon ou tout autre ; il eût porté ce secours en temps utile sur la chaussée de Nivelles et sur la chaussée romaine, pour lui faire prendre à revers et entre deux feux l'armée prussienne. Qui mieux que Napoléon pouvait se rendre compte, avec son coup d'œil d'aigle, de l'importance des forces anglaises qui arrivaient aux Quatre-Bras ; rassurer Reille trop timide ; lancer en temps utile Foy, Bachelu et Jérôme ; engager à propos et avec prudence la grosse cavalerie de Kellermann et exécuter à coup sûr, sans méprise, sans ordres égarés ou mal interprétés, le mouvement de Drouet d'Erlon sur le chemin de Namur, mouvement qui eût eu pour résultat de faire mettre bas les armes à l'armée prussienne ? Je le répète, Ney vainqueur à Ligny et conduisant au feu, avec son intrépidité habituelle, les soldats de Gérard et de Vandamme, sans compter la garde ; Napoléon, en même temps, sûr de lui-même et exécutant aux Quatre-Bras, avec une conviction absolue, la double conception stratégique qui consistait à arrêter les Anglais et à envoyer un secours efficace aux combattants de Ligny, voilà une hypothèse qui plaît à mon esprit, et que je livre à vos méditations... Malheureusement les hypothèses ne prouvent rien en histoire, puisque la contre-partie n'a pas existé !

Acte IV. — Mission donnée au maréchal de Grouchy. — Poursuite des Prussiens. — Poursuite des Anglais jusqu'au plateau de Mont-Saint-Jean.

Le lendemain 17 juin, il n'y avait plus de Prussiens aux environs de Ligny : ils avaient décampé dès la nuit et dès l'aube. La route de Namur aux Quatre-Bras était donc libre ; Napoléon la prit. Dans ces conditions, la position des Quatre-Bras n'était plus tenable pour les Anglais; vainqueurs la veille, ils battirent en retraite tout comme les Prussiens.

Napoléon opéra sa jonction avec les troupes du maréchal Ney, et, par une pluie diluvienne qui rendait les manœuvres bien difficiles et qui fatiguait terriblement les hommes (1), on suivit l'armée anglaise, non sans échanger avec elle des coups de canon, des coups de fusil et même des coups de sabre. Cette retraite de Wellington a fait à juste titre l'admiration de l'Angleterre. Le soir, les deux armées bivouaquaient, l'une sur ce fatal plateau du *Mont-Saint-Jean,* l'autre au milieu des champs de blé et sur la grande route, en face de ces positions qu'elle allait, le lendemain, arroser de son sang, le château de *Goumont,* la *Belle-Alliance,* la *Haie-Sainte* et *Papelotte.* Mais avant de quitter Ligny, Napoléon

---

(1) Il faut l'avoir reçue, comme cela nous est arrivé dans ces mêmes parages, pour se faire une idée de ce que devient ce terrain subitement transformé en une affreuse boue grasse et gluante. Un autre embarras venait de la hauteur des blés. La cavalerie s'empêtrait et les roues des caissons s'embarrassaient dans cette paille, dit Coignet. « Ce fut un de nos malheurs » (p. 395).

avait chargé, vers midi, le maréchal de Grouchy de poursuivre les Prussiens ; et, pour remplir cette importante mission que Grouchy n'acceptait qu'à contre cœur, la trouvant bien difficile et bien chanceuse, Napoléon lui avait remis l'infanterie de Gérard et de Vandamme, une division appartenant à Lobau (division *Teste*), la cavalerie de Pajol et d'Exelmans, et quatre-vingt-seize pièces de canon. Cela faisait 32,000 hommes qui composaient une admirable petite armée. Mais où étaient les Prussiens ? Voilà le grand problème ! Il n'était que temps de le résoudre, le 17, au matin ; qu'arrivera-t-il, si on ne le résout pas du premier coup et si Grouchy ne reçoit ses instructions qu'à midi ?

Les juges les plus sévères ont trouvé que Napoléon avait perdu un temps précieux dans cette matinée du 17. Le maréchal de Grouchy a raconté dans ses *Observations* que, vers dix heures, près de Saint-Amand, l'Empereur mettant pied à terre, causa longuement avec le général Gérard et avec lui-même « de l'état de l'opinion à Paris, du Corps législatif, des jaco- » bins et de divers autres objets tout à fait étrangers à ceux » qui semblaient devoir exclusivement l'occuper dans un pareil » moment ».

Nous reviendrons plus loin sur cet incident qui, je crois, doit être interprété d'une autre façon. Napoléon attendait le rapport de Ney pour prendre une décision. Dans la matinée, ses idées n'étaient pas encore arrêtées. Peut-être espérait-il aussi recevoir des indications sur le chemin suivi par les Prussiens dans leur retraite.

Ici, du reste, il est impossible encore de méconnaître que Napoléon, croyant ce qu'il espérait, crut d'abord les Prussiens en retraite beaucoup plus à l'est, vers Namur ou Liège, et qu'il fit partager, pour commencer, cette opinion au maréchal de Grouchy. De là, peut-être, la marche trop tardive et trop lente de Grouchy sur *Gembloux,* opération qui occupa toute la journée du 17. Ce n'est que le 18, le jour même de Waterloo, que Grouchy marcha résolument sur *Wavre* où l'on avait appris que s'étaient portés Blücher et Bülow, Bülow qui, lui, arrivait de Liège et qui n'était pas arrivé à temps à Ligny.

ACTE V. — WATERLOO. — SART-A-WALHAIN. — WAVRE. — LA CHAPELLE-SAINT-LAMBERT. — PLANCENOIT. — PAPELOTTE ET FICHERMONT.

Messieurs, dans ce dernier acte, dans le tableau de cette épreuve suprême, je vais vous parler de tout, sauf de la bataille contre les Anglais. Dût le paradoxe vous paraître un peu risqué, je l'énoncerai cependant de la façon suivante et je m'y tiendrai : *Waterloo n'est pas une bataille anglaise ; c'est une bataille prussienne.* Ce n'est pas à Waterloo maintenant, ni au Mont-Saint-Jean, qu'est le dénouement ; c'est à *Sart-à-Walhain ;* c'est à *Wavre,* à *Plancenoit,* au château de *Fichermont* et à la ferme de *Papelotte.* Je laisserai donc de côté, ce soir, ces luttes héroïques et légendaires qui ont eu pour théâtre le château de *Goumont, la Haie-Sainte* et le plateau du Mont-Saint-Jean ; nous ne suivrons ni Foy et Jérôme à Goumont ; ni Ney et Drouet d'Erlon dans les deux grandes attaques de la Haie-Sainte ; ni nos cavaliers sur le plateau, ni la garde, dans son dernier effort. Ce n'est pas là, je le répète, que s'est décidé le sort de notre armée, c'est à Plancenoit, avec le général *Lobau* et une partie de la garde, contre les Prussiens de Bülow ; c'est à Papelotte et à Fichermont, avec le général *Durutte,* contre le prince Bernard de Saxe-Weimar d'abord, et ensuite contre les Prussiens de *Steinmetz,* de *Pirch* et de *Zielen,* c'est-à-dire les Prussiens de Blücher. Une description du champ de bataille rendra, je crois, cette idée encore plus sensible.

Si l'on regarde à droite ou si l'on regarde à gauche de la grande route de Charleroy à Bruxelles (appelons-la la route de la *Belle-Alliance,* à cause de cette ferme où se tint Napoléon pendant la bataille), le site et le terrain apparaissent tout différents de chaque côté. A gauche, à notre gauche, c'est une vaste plaine, bien plus vaste encore qu'à Ligny et très peu accidentée. Une pente des plus douces mène au plateau du

Mont-Saint-Jean. Il est vrai que, dans ces parages, le sol a été nivelé pour la construction de cette vaste montagne artificielle, haute de quarante mètres. Cette pyramide de terre que vous voyez marquée sur ma carte par des cercles concentriques (1), est surmontée par un gigantesque lion en bronze qui a la tête tournée vers l'Est, c'est-à-dire vers les Prussiens. Ce monument que n'a pas vu lord Byron, lorsqu'il disait :

> Is the spot mark'd with no colossal bust?
> Nor column trophied for triumphal show?

a été élevé vers 1820, et les guides et les cicerone anglais montrent encore aujourd'hui, avec une indignation qui se répète trop souvent pour être sincère, un bout de la patte du lion, endommagée en 1832 par nos soldats qui se rendaient au siège d'Anvers. Les guides anglais ! Voilà pour le Français qui ne demande que le silence et le recueillement, voilà la vraie croix, le vrai Calvaire, voilà l'expiation de la curiosité qui vous pousse ! Tout est anglais, du reste, dans ces parages, les cochers, les voitures et les mail-coach qui vous offrent de vous conduire de la station de *Braine l'Alleud* (2) jusqu'au pied du monument, les petites auberges établies dans le voisinage, et le musée des antiquités, je veux dire des objets trouvés sur le champ de bataille. J'avoue que je ne l'ai point visité, non plus qu'à Waterloo, le monument élevé à la mémoire..... de la jambe de lord Uxbridge. Ce noble lord, qui commandait la cavalerie anglaise, fut amputé dans la maison d'un habitant du village de Waterloo, et l'on montrait jadis la table sur laquelle eut lieu l'opération. Lord Uxbridge revenant, quelques années après, visiter avec sa famille..... et sa jambe de bois, le théâtre de

---

(1) Par le chiffre 1 au-dessous d'un point, dans la petite carte qui accompagne cette brochure.

(2) Il y a deux manières d'aborder Waterloo, quand on vient de Bruxelles : 1° par la station de *Braine l'Alleud* ; 2° par *la Hulpe*, station située sur une autre ligne, en venant également de Bruxelles. De la Hulpe on se rend à pied, par un chemin des plus accidentés et des plus pittoresques, au village *d'Ohain* qu'a traversé Blücher arrivant de Wavre, et de là on se rend à la ferme de Papelotte. De la Hulpe à Papelotte il y a environ trois lieues.

ses exploits, se fit servir à déjeuner sur cette table même ; et l'on ajoute que jamais il ne mangea de meilleur appétit ! Mais là-haut, sur la montagne artificielle d'où l'on embrasse tout le champ de bataille, où l'on découvre Goumont et la Haie-Sainte, comme de petits paquets de verdure perdus dans l'immensité de ces champs de blé ; où l'on aperçoit dans le lointain Plancenoit et la Chapelle-Saint-Lambert, quel supplice que d'avoir à entendre le boniment et les gutturales exclamations de ces cicerone, réveillant de leurs discours indiscrets, les ombres de *Picton* et du colonel *Gordon;* et les *yes*, les *oh ah*, les *very well* de leurs auditeurs, soulignant de leurs hurrahs les *great soldier, very great soldier ;* et tous les qualificatifs qui s'échappent de la bouche du narrateur mercenaire ! Voilà, je l'avoue, pour un Français, le cruel châtiment de sa curiosité ! Mais passons, ou plutôt allons jusqu'au bout.

A droite, à notre droite, à la droite de l'armée française, la plaine est beaucoup plus accidentée, mamelonnée, coupée de chemins qui s'enfoncent, de petits coteaux et de vallées qui, petit à petit, s'élèvent et s'agrandissent, de plis et de replis boisés qui s'accentuent à mesure que l'on approche du village de *Plancenoit*, de la ferme de *Hanotelet*, du *Bois de Paris*, du château de *Fichermont*, et des fermes de *Papelotte* et de *La Haye* (ne pas confondre cette ferme de *La Haye* avec la *Haie-Sainte*).

Plancenoit rappelle le village normand de Ligny ; il est situé dans un fond très accidenté, sur les bords d'un ruisseau au cours rapide. A peine, de la *Belle-Alliance*, peut-on découvrir le toit des maisons. La ferme de Hanotelet, le Bois de Paris, le château de Fichermont et Papelotte sont des endroits tout à fait solitaires et d'un aspect sauvage. Le propriétaire de Papelotte a eu la bonne idée de construire, au milieu de sa ferme, une tour du haut de laquelle on découvre cette partie du champ de bataille. Là, au moins, on retrouve le silence : les guides anglais ne viennent pas jusque-là.

Mais si, de Papelotte, l'on regagne, en ligne directe, la route de la Belle-Alliance, on retrouve alors bien vite la plaine unie, la plaine beauceronne que j'ai décrite en premier lieu, et les vastes champs de blé.

Enfin, je vous signale tout de suite ces points extrêmes : *Gembloux*, *Sart-à-Walhain* ou *Sart-lez-Walhain*, *Wavre*, *Ohain* et la *Chapelle-Saint-Lambert*, car, je vous le répète, le sort de notre armée s'est décidé là.

Messieurs, le 18 au matin, Bülow se mettait en route des environs de Wavre où il avait rejoint Blücher, pour déboucher dans la journée sur le champ de bataille, par la Chapelle-Saint-Lambert et le Bois de Paris ; en même temps, les Prussiens de Blücher se mettaient en route pour déboucher le soir, par Ohain, La Haye et Papelotte. Ce même jour, avant midi, le maréchal de Grouchy était arrivé à Sart-à-Walhain, marchant sur Wavre, dans l'espoir d'arrêter Blücher, lorsque retentit à ses oreilles l'immense canonnade par laquelle débuta la bataille du Mont-Saint-Jean.

Le moment était solennel et émouvant.

Le maréchal sortait de table, et les officiers qui l'entouraient indiquaient nettement la direction des coups : mieux que cela, quelques-uns montés sur une éminence, prétendaient apercevoir la fumée des pièces.

Cette scène est décrite par Thiers et Vaulabelle avec beaucoup de vivacité et de vigueur. C'est une nouvelle bataille de Wagram, aurait dit Grouchy : il ne se doutait pas encore que, si cela commençait comme à Wagram, cela aurait peut-être pu finir, grâce à lui, comme à Marengo (1).

Gérard n'hésita pas à conseiller au maréchal de marcher au canon, d'abandonner la route de Wavre et de se transporter illico, par *Mousty*, sur le terrain où Napoléon vient d'engager la bataille (Charras lui-même a regretté que ce parti n'eût pas été pris). Mais le maréchal de Grouchy, voulant se conformer aux instructions qui lui disent de marcher sur

---

(1) Grouchy a cependant, dans ses *Observations*, montré l'immense différence qu'il y avait entre la situation de Desaix et la sienne ; toute cette partie de son plaidoyer est fort suggestive. En toute justice, nous devons la signaler.

Wavre, et pensant que c'est là qu'il va trouver Blücher, n'écoute rien : sa petite armée continue donc sa marche vers le Nord. En route, Gérard renouvelle ses objurgations ; la discussion devient des plus orageuses ; on approche de Wavre ; deux dépêches de Napoléon arrivent, mais très tardivement (la dernière à sept heures), les officiers ayant fait, pour les apporter, un détour considérable.

Cette seconde dépêche rédigée à une heure de l'après-midi indique encore la marche sur Wavre, mais un post-scriptum ajoute qu'on venait de saisir un cavalier prussien portant une lettre de Bülow à Wellington, et que cette lettre annonce une attaque imminente de Bülow ; qu'en conséquence le maréchal de Grouchy doit lier ses communications avec l'Empereur et manœuvrer dans la direction de l'armée française.

Grouchy s'autorise de l'indication de la marche sur Wavre pour ne rien changer à son itinéraire. Gérard, au contraire, voit dans la dépêche de nouvelles raisons pour marcher dans la direction du Mont-Saint-Jean. « Je te l'avais bien dit, » ajoute-t-il, en apostrophant son chef, que si nous étions » perdus, c'est à toi que nous le devrions (1) ! » On arrive devant Wavre : Blücher et Bülow n'y étaient plus ! Seul *Thielmann* gardait ce village un peu escarpé. Grouchy se met en devoir de l'attaquer. Le général Gérard se tourne vers son aide de camp et dit : « Quand un homme de cœur est » le témoin impuissant de tout ce qui se passe depuis ce matin ; » quand il reçoit des ordres pareils à ceux-ci et que le devoir » le force d'y obéir, il ne lui reste plus qu'à se faire tuer. » Et quelques instants après, il recevait une balle en pleine poitrine. On le crut perdu. — Il en réchappa, puisque dix-sept ans plus tard, comme je vous le disais tout à l'heure, il devait traverser la plaine de Waterloo à la tête d'une armée française.

Messieurs, je plains de tout mon cœur le général Gérard ;

---

(1) Grouchy, dans ses *Observations*, a nié l'amertume de ces propos.

mais je plains tout autant le maréchal de Grouchy. Dans quelles perplexités durent le plonger les termes de la dépêche où, en somme, la marche sur Wavre continuait à être indiquée et approuvée par Napoléon ou par Soult !

Vaulabelle raconte quelque chose de plus poignant encore. Lorsque, vers midi, Napoléon aperçut du champ de bataille les premières troupes de Bülow qui se montraient sur les hauteurs de la Chapelle-Saint-Lambert, on envoya le général de cavalerie *Domont* aux renseignements. Ce général détacha des patrouilles pour prévenir Grouchy. Une de ces patrouilles, des hussards du colonel *Marbot,* arriva au pont de Mousty. Or, du côté de Grouchy, le général *Exelmans* s'était approché de la rivière : quelques pas de plus, et ses dragons allaient rencontrer les hussards du colonel Marbot. Qui sait ce qui serait résulté de cette rencontre? Grouchy alors eût peut-être changé de direction et pris le pont de Mousty, pour tomber sur Bülow.

Ainsi, comme à Ligny avec Drouet d'Erlon, on a vu, quelques-uns ont vu Grouchy, les troupes de Grouchy apparaître, puis s'éloigner. Deux fois en trois jours, le secours attendu, le secours décisif nous a échappé. L'action additionnée, ici de 20,000 hommes, là de 30,000 — alors que nous étions déjà, y compris ces 20,000 et ces 30,000 combattants, si inférieurs en nombre — cette force accumulée de 50,000 combattants nous a manqué ! N'est-ce pas le cas, ou jamais, de s'écrier avec le Prophète : *Digitus Dei est hic ?*

Maintenant que se passe-t-il à Papelotte, à Fichermont et à Plancenoit?

Voici ce qui était arrivé : de très bonne heure, avons-nous dit, Napoléon avait aperçu les Prussiens sur les hauteurs de la Chapelle-Saint-Lambert; c'était l'avant-garde de Bülow, de Bülow qui arrivait avec ses 30,000 hommes. Cette apparition n'avait point trop inquiété l'Empereur. Il comptait avoir le temps de battre les Anglais ; il avait le moyen de contenir Bülow ; il pensait que Grouchy retiendrait Blücher. Il envoya d'abord, pour tenir tête à Bülow qui mit du temps à se déployer

— 33 —

et n'entra en ligne qu'à trois heures (1), de la cavalerie légère; puis le corps d'armée de *Mouton,* comte de Lobau, qui était en réserve; et quelque temps après, la jeune garde; puis, quand le danger augmenta encore, quelques bataillons de la vieille garde. Mouton, comte de Lobau était un énergique soldat: ses exploits dans l'île de Lobau, et maints autres brillants faits d'armes lui donnaient une très haute autorité. C'est lui qui, plus tard, sous le règne de Louis-Philippe, eut l'ingénieuse idée de dissiper une émeute, place Vendôme, en bombardant les émeutiers, à coups de… pompe à incendie. Pour barrer le chemin à Bülow, il s'établit, en travers, de la ferme de Hanotelet au château de Fichermont, donnant de ce côté la main au général *Durutte* qui formait l'extrême droite dans la bataille contre les Anglais, et qui attaquait les fermes de Papelotte et de La Haye défendues par les Anglais, les Brunswickois et les Nassau du jeune prince Bernard de Saxe-Weimar. Lobau, soutenu par la jeune garde, tint tête longtemps aux Prussiens de Bülow: on se battit, on se massacra jusque dans Plancenoit; ce fut une boucherie comme à Ligny; un instant, nous fûmes bien près d'être débordés; mais deux régiments de la vieille garde accoururent et Bülow fut tenu en respect.

Pendant que Lobau et la garde barraient ainsi le passage à Bülow, de l'autre côté, au bout de cette ligne, à Fichermont et à Papelotte, Durutte et Marcognet étaient pressés et débordés par une partie des Prussiens de ce même Bülow; à sept heures et demie par les Prussiens de Pirch; et à huit heures par les Prussiens de Zieten (2). Messieurs, je ne connais pas de situation plus terrible que celle où se trouve, le 18 au soir, au coucher du soleil, le général Durutte, faisant face, avec une de ses brigades, aux Anglais et avec l'autre, aux Prussiens, et je ne connais pas de figure plus intéressante que celle de ce brave soldat. Permettez-moi de la mettre un peu en lumière, ce soir. Vous voyez que je suis fidèle à mon programme. Je continue à

---

(1) Blücher, dans son *Rapport*, dit même quatre heures et demie.
(2) Ce sont les heures qu'indique Blücher dans son *Rapport*.

ne voir dans la bataille de Waterloo qu'une bataille prussienne.

Durutte était un soldat de la République. Il avait déjà fait la guerre en Flandre. Vainqueur à Ypres, il s'y était marié. Tenu un peu l'écart, il avait servi sous le prince Eugène, puis avait été successivement gouverneur d'Amsterdam et de Berlin. Il se signala, pendant la retraite de Russie, par maints exploits. Il était à Leipzig, comme Zieten qui, en ce moment, le presse et l'accable. Il était à Haguenau et, pendant la campagne de France, il était gouverneur de Metz. Un jour, on rapporte à l'Empereur le bruit d'après lequel les alliés seraient entrés à Metz. — « Qui commande à Metz, demande Napoléon? — C'est le général Durutte, lui répond-on. — Le général Durutte, s'écrie Napoléon ! Je n'ai jamais fait de bien à cet homme-là : Metz est à nous. »

Tel était l'homme qui commandait une division à notre extrême droite, devant Papelotte et La Haye, en allant jusqu'à Fichermont.

Toute la journée, il avait tiraillé avec les contingents de Brunswick et les régiments de Nassau, encore revêtus de l'uniforme français. Lorsque Blücher était arrivé avec Pirch et Zieten, les uniformes français des Nassau l'avaient un instant protégé, car les Prussiens avaient tiré dessus. Voici comment s'exprime le jeune prince de Saxe-Weimar, sur cet incident : « Les Prussiens qui devaient me soutenir dans mon village, » prirent pour des Français mes Nassaus qui ont encore l'uni- » forme français, quoique leurs cœurs soient bien allemands, et » firent un feu terrible contre eux... Ma brigade était de » 4,000 hommes; aujourd'hui il ne m'en reste pas 1,200 (1). »

Mais à la fin Durutte fut emporté, comme tous les autres, dans le sauve-qui-peut général; il trouva encore moyen, à neuf heures du soir, de rallier, avec Drouet d'Erlon, quelques hommes sur la route de la Belle-Alliance, et d'opposer une résistance héroïque à toute cette masse d'ennemis. Il avait eu la figure labourée par un coup de sabre d'un cavalier de Zieten et le poignet droit emporté par un autre coup de sabre.

---

(1) Pièce n° 12, citée par le général Gourgaud dans la *Campagne de 1815*.

Eh bien, Messieurs, quand je pense que Mouton, comte de Lobau, avec 10 à 12,000 hommes, luttait depuis longtemps, à Plancenoit, contre les 30,000 Prussiens de Bülow, et que Durutte, pour ainsi dire submergé dans le flot des Prussiens, luttait encore en pleine nuit sur la grande route, avec un coup de sabre dans la figure et un poignet emporté, je me demande comment quelques historiens ont pu dire que l'arrivée de Grouchy, à une heure quelconque, c'est-à-dire à une heure aussi tardive qu'on voudra, sept heures, huit heures, neuf heures même (1), n'eût pas sensiblement changé la situation ! Voyez-vous d'ici Grouchy arrivant par Maransart, et se précipitant avec sa cavalerie, avec les dragons d'Exelmans, sur les troupes de Bülow ; puis avec Gérard et Vandamme, prenant l'ennemi entre deux feux, ses feux à lui et les feux de Lobau, ceux de la jeune garde et de la vieille garde ? Le désastre de Bülow, dans ces conditions, me semble indiscutable. Remontant alors en deux colonnes, près de la ferme de Hanotelet, à Fichermont et à Papelotte d'une part, et enfilant avec son artillerie toute cette ligne de hauteurs ; remontant d'autre part, de la route de la Belle-Alliance à la Haie-Sainte, Grouchy apportait d'un côté, à Durutte débordé par Pirch et Zieten, l'appoint de 10 à 15,000 hommes, et de l'autre côté à Napoléon lui-même, à Ney, à Drouet d'Erlon également débordés, l'appoint de 10 à 15,000 autres combattants, plus tout le corps de Lobau et la jeune garde devenus disponibles. Cela eût-il empêché la défaite finale ? Cela eût du moins empêché cette défaite de devenir l'effroyable déroute que je ne veux point vous peindre. A qui fera-t-on croire que 30,000 hommes de plus, en pareille circonstance, ne peuvent avoir, dans une pareille mêlée, une influence appréciable ? C'est comme si l'on disait que les 20,000 hommes de d'Erlon, arrivant à Ligny, n'eussent rien changé non plus à la situation. — Mais, dit-on, Blücher eût écrasé Grouchy en chemin ? Je me demande à quel endroit.

---

(1) La garde tint bon à Plancenoit jusqu'à neuf heures et demie, dit Blücher dans son *Rapport*.

Comment et par où deux armées qui marchent, l'une de Wavre au Mont-Saint-Jean, et l'autre de Sart-à-Walhain à Maransart et à Plancenoit, pourraient-elles se rencontrer ? Et puis, je le répète, est-ce que 30,000 hommes, cela s'écrase comme cela, en un quart d'heure ? Songez que la nuit tombait lorsque Blücher se jeta sur nous ; que malgré l'acharnement des combattants, que Wellington a comparé à celui des *gluttons* dans les luttes de boxeurs, lorsque deux armées sont encore en ligne, la nuit met nécessairement fin au combat. Une demi-heure de plus, Napoléon vaincu, mais non entamé, eût pu battre en retraite, comme Blücher avait battu en retraite après Ligny. Il repassait la Sambre et ralliait son armée. Il ne laissait pas aux Prussiens et aux Anglais ses deux cents pièces de canon et des milliers de soldats à la débandade. En vérité, n'est-ce rien que tout cela ? Ne serait-ce rien que de ne pas entendre dire, que de ne pas lire partout, chez nous comme à l'étranger, que la défaite de Waterloo est la plus mémorable déroute des temps modernes ? Ce désastre final, vous ai-je dit, je ne veux point vous le représenter. Je me suis toujours demandé, d'ailleurs, si la prose et l'histoire pouvaient remplir une tâche pareille. A peine la poésie y suffirait-elle : cette description cependant a tenté Victor Hugo :

> Carnage affreux ! moment fatal ! l'homme inquiet
> Sentait que la bataille entre ses mains pliait;
> Derrière un mamelon la garde était massée,
> La garde, espoir suprême et suprême pensée !
> — Allons, faites donner la garde, cria-t-il, —
> Et lanciers, grenadiers aux guêtres de coutil,
> Dragons que Rome eût pris pour des légionnaires,
> Cuirassiers, canonniers qui traînaient des tonnerres,
> Portant le noir colback ou le casque poli,
> Tous, ceux de Friedland et ceux de Rivoli,
> Comprenant qu'ils allaient mourir dans cette fête,
> Saluèrent leur dieu, debout dans la tempête.
> Leur bouche, d'un seul cri, dit : vive l'empereur !
> Puis, à pas lents, musique en tête, sans fureur,
> Tranquille, souriant à la mitraille anglaise,

La garde impériale entra dans la fournaise.
Hélas! Napoléon, sur sa garde penché,
Regardait, et, sitôt qu'ils avaient débouché,
Sous les sombres canons crachant des jets de soufre,
Voyait, l'un après l'autre, en cet horrible gouffre,
Fondre ces régiments de granit et d'acier,
Comme fond une cire au souffle d'un brasier.
Ils allaient, l'arme au bras, front haut, graves, stoïques,
Pas un ne recula. Dormez, morts héroïques!
Le reste de l'armée hésitait sur leurs corps
Et regardait mourir la garde. — C'est alors
Qu'élevant tout à coup sa voix désespérée,
La Déroute, géante à la face effarée,
Qui, pâle, épouvantant les plus fiers bataillons,
Changeant subitement les drapeaux en haillons,
A de certains moments, spectre fait de fumées,
Se lève grandissante au milieu des armées,
La Déroute apparut au soldat qui s'émeut,
Et, se tordant les bras, cria : sauve qui peut!
Sauve qui peut! affront! horreur! toutes les bouches
Criaient; à travers champs, fous, éperdus, farouches,
Comme si quelque souffle avait passé sur eux,
Parmi les lourds caissons et les fourgons poudreux,
Roulant dans les fossés, se cachant dans les seigles,
Jetant shakos, manteaux, fusils, jetant les aigles (1),
Sous les sabres prussiens, ces vétérans, ô deuil!
Tremblaient, hurlaient, pleuraient, couraient? — En un clin d'œil.
Comme s'envole au vent une feuille enflammée,
S'évanouit ce bruit qui fut la grande armée,
Et cette plaine, hélas! où l'on rêve aujourd'hui,
Vit fuir ceux devant qui l'univers avait fui!
Soixante ans sont passés, et ce coin de la terre,
Waterloo, ce plateau funèbre et solitaire,
Ce champ sinistre où Dieu mêla tant de néants,
Tremble encore d'avoir vu la fuite des géants (2)!

Maintenant, puisque Grouchy n'a pu arriver à temps, puisque

---

(1) Ici le poète s'est laissé emporter et a commis une grave erreur. Sauf deux aigles qui tombèrent entre les mains de l'ennemi tout au commencement de la bataille, aucun drapeau ne fut abandonné par nos soldats, dans la déroute.
(2) *L'Expiation.*

nous avons été si complètement défaits, la meilleure conclusion à présenter serait celle-ci : Napoléon eût mieux fait, après la bataille de Ligny, de laisser les Prussiens battre en retraite jusqu'à Wavre ; d'emmener avec lui Grouchy et son corps d'armée ; puis, le matin même de la bataille de Waterloo, d'envoyer ce même Grouchy, avec ses 30,000 hommes, prendre position entre Plancenoit et Ohain, de façon à surveiller le bois de Paris, par où déboucha Bülow ; de disputer aussi longtemps que possible à Blücher la route accidentée qui traverse le village d'Ohain, et, pendant une bonne partie de la journée, de couper, à Ohain même, les communications des Anglais et des Prussiens (1). Notez que la gauche des Anglais était faible, que Wellington s'attendait à être attaqué par sa droite et qu'il avait, de ce côté, porté un corps de 18,000 hommes jusqu'à 14 kilomètres du champ de bataille.

Cette hypothèse n'est pas de moi, elle est du maréchal de Grouchy lui-même, qui fut, malgré tout, un militaire de grande valeur ; il l'avait prouvé, en 1814, pendant la campagne de France ; il le prouva le 16 juin à Sombreffe ; il va le prouver le 19, le lendemain de Waterloo, en ramenant intact son corps d'armée en France : « J'avais pressé Napoléon, dit-il, de m'en-
» mener avec lui, ayant toujours cru préférable de faire agir
» mes troupes de concert avec celles du maréchal Ney..... »

Qu'à la fin, je le répète, Grouchy ait été écrasé par Blücher, je l'admets ; mais je le répète aussi, on n'écrase pas en un quart d'heure trente-deux mille hommes conduits par des chefs comme Gérard, Vandamme, Exelmans et Pajol, soutenus par quatre-vingt-seize canons et établis dans une position aussi forte que les hauteurs du village escarpé d'Ohain. Je l'ai traversé ce village, et je vous réponds que le corps d'armée de Gérard ne s'en fût pas laissé facilement débusquer !..... Mieux que cela, les Anglais eussent été fortement menacés sur leur gauche, pendant que Napoléon perçait leur centre, pendant que

---

(1) Par notre gauche, à Ohain, dit Wellington dans son *Rapport*, nous communiquions par Ohain avec le maréchal prince Blücher qui se trouvait à Wavre.

Wellington, induit en erreur, comme je l'ai dit, et craignant plus spécialement pour sa droite, envoyait de ce côté, à dix-huit kilomètres du champ de bataille, un véritable corps d'armée......

Alors, le champ des hypothèses s'ouvre à l'infini. Cette armée de Napoléon, vaincue quand même à Waterloo, — c'est entendu, je l'accorde, — cette armée revient en France, ralliée et commandée, et Napoléon livre, sous les murs de Laon ou sous les murs de Paris, cette bataille suprême que Davout, ministre de la guerre, et Carnot, ministre de l'intérieur, n'osèrent pas engager.

Les débris de Waterloo, même dans l'état misérable où ils revenaient, brûlaient encore du désir de combattre. Et dans toute cette armée il ne s'éleva pas une voix pour accuser ou pour maudire Napoléon (1).

Lisez, dans le capitaine Coignet, les frémissements de ces pauvres diables qui demandaient une nouvelle bataille, dans la plaine de la Villette, à la barrière d'Enfer, à Montrouge, n'im-

---

(1) J'ai longtemps et souvent causé de la bataille de Waterloo avec un soldat de la jeune garde, Roger, né et mort à Montigny (1792-1882) ; lorsque je lui demandais ce qu'on disait de l'Empereur au moment du désastre, il me répondait : « Je n'ai jamais entendu un homme dire du mal de lui ». A ce propos, je crois que tous les hommes de mon âge qui ont pu entendre et questionner des acteurs et des témoins de ce temps-là, feraient bien de noter tout ce qu'ils ont retenu d'intéressant dans ces entretiens. Mille détails pittoresques échapperont sans doute à nos successeurs, faute de ce soin. Nous sommes les derniers qui ayons pu voir encore les soldats du premier Empire. La génération qui nous suit ne les connaîtra plus que par ouï-dire. Des détails que m'a donnés Roger de Montigny sur la bataille de Waterloo, je retiens celui-ci qui m'a paru topique. A court de munitions, les survivants prenaient toutes les cartouches qu'ils trouvaient sur leurs camarades morts ; ils en remplissaient leurs shakos évasés et leurs culottes à pont. La double ouverture de la culotte à pont faisait ainsi, sur l'abdomen, une sorte de cartouchière assez originale. C'est dans cette cartouchière que Roger reçut un coup de feu dont on peut se figurer quels furent les ravages. Il put néanmoins échapper à l'ennemi et être transporté sur une charrette jusqu'à Paris, où il entra à l'hôpital... Il me disait un jour qu'il avait vu plusieurs fois le général Cambronne à Waterloo : je lui demandai naturellement s'il l'avait entendu prononcer le mot fameux. Quel est le soldat de Waterloo qui a pu échapper à cette question ? Nous nous figurons naïvement que, d'un bout à l'autre du champ de bataille, 100,000 hommes ont dû entendre parler Cambronne ! Roger me répondit avec beaucoup de sincérité : « Je ne l'ai pas entendu, mais il était de force à ça. »

porte où ; lisez aussi cet exploit de l'ancien vaguemestre de Napoléon, sortant dans cette plaine de la Villette, cherchant quelque ennemi ; le passage est si amusant et si gai que je vous demande la permission de vous le lire : il est temps de nous dérider un peu :

Coignet, devenu capitaine, dépasse la ligne des gardes nationaux. Soyez tranquilles, leur dit-il, je ne suis point un traître. Je vois là-bas un officier prussien qui fait ses embarras ; je voudrais lui donner une petite correction. Si vous me permettez de passer, ne craignez rien de moi, je ne passe point à l'ennemi. — Passez, capitaine.
Je vois derrière moi quatre beaux messieurs qui m'abordent ; l'un d'eux vient près de moi et me dit : Vous venez donc sur la ligne en amateur ? — Comme vous, je pense. — C'est vrai, me dit-il, vous êtes bien monté. — Et vous de même, Monsieur. Les trois autres appuyèrent à droite : Que fixez-vous là, me dit-il encore, sur la ligne des Prussiens ? — C'est l'officier là-bas, qui fait caracoler son cheval ; je voudrais aller lui faire une visite un peu serrée ; il me déplaît. — Vous ne pouvez l'approcher sans danger. — Je connais mon métier, je vais le faire sortir de sa ligne et le faire fâcher, si c'est possible. S'il se fâche, il est à moi. Je vous prie, Monsieur, de ne pas me suivre ; vous dérangeriez ma manœuvre. Retirez-vous plutôt en arrière. — Eh bien ! voyons cela. »
Je pars bien décidé. Arrivé au milieu des deux lignes, il voit que je marche sur lui ; il croit sans doute que je passe de son côté et sort de sa ligne pour venir au-devant de moi ; à cent pas des siens, il s'arrête et m'attend. Arrivé à distance, je m'arrête aussi, et, tirant mon pistolet, je lui fais passer ma balle près des oreilles. Il se fâche, me poursuit ; je fais demi-tour ; il ne poursuit plus et s'en retourne. Je fais alors mon à-gauche et fonds sur lui. Me voyant derechef, il vient sur moi ; je lui envoie mon second coup de pistolet. Il se fâche plus fort, il me charge. Je fais demi-tour et je me sauve ; il me poursuit à moitié de la distance des deux lignes, en furieux. Je fais volte-face et fonds sur lui ; il m'aborde et m'envoie un coup de pointe. Je relève son sabre par-dessus sa tête, et, de la même parade, je lui rabats mon coup de sabre sur la figure de telle sorte que son nez fut trouver son menton ; il tomba roide mort.

C'est ce que Coignet appelle : boire le vin quand on l'a tiré.

Rappelez-vous encore avec quelle ardeur, avec quel entrain, avec quel brio, quelques jours plus tard, le 1er juillet 1815, Exelmans et Piré ont mené la charge au combat de Rocquencourt, qui fut le dernier épilogue de cette guerre néfaste.... Mais alors la parole était aux politiciens! Grâce à eux, les alliés rentrent dans Paris et l'armée française dut se retirer au-delà de la Loire!

Messieurs, en vous exposant le tableau de tous ces malheurs, je me suis efforcé, comme je vous l'avais annoncé au commencement, de voir dans notre défaite un concours de circonstances plutôt que la faute des hommes. Les uns, vous le savez, admirent sans réserve la conduite de Napoléon, et rejettent toutes les responsabilités sur ses lieutenants — Thiers est le chef de cette école. — Les autres, à la tête desquels se trouve Charras, déclarent que la conduite des lieutenants ne pouvait être autre ni meilleure que ce qu'elle a été, et font remonter à Napoléon la cause de nos malheurs. Ceux-là, toutefois, admettent que son plan était admirable comme conception ; ils ajoutent seulement que la flamme de son génie, après avoir jeté cette dernière et magnifique lueur, s'était tout à coup éteinte et obscurcie lorsqu'il fallut passer à l'exécution. De là des défaillances et des fautes qui se seraient accomplies à une heure déterminée. Le 15, tout était parfait et impeccable. Le 16, l'intelligence de l'Empereur commençait à être atteinte ; et un peu plus, montre en main, on pourrait faire le diagnostic.

Cette thèse de l'affaiblissement graduel ou subit des facultés et du génie de l'Empereur n'est certes pas nouvelle. Philippe de Ségur, si grand admirateur de son héros, constatait dès 1812 des symptômes inquiétants, et, à la même époque, l'amiral Decrès sortant d'un entretien avec lui, disait à Marmont : L'Empereur est fou! Un autre écrivain, un étranger, le capitaine comte Yorck de Wartenbourg, descendant du général qui a joué un rôle si important en 1813, dans une série de travaux où le blâme se mêle à l'admiration (*Napoleon als Feldherr*, Berlin, 1885-1886), fait remonter à l'année 1808 l'ébranlement physique et intellectuel de Napoléon. Je ne vois pas de raison pour ne pas remonter plus loin encore, au camp de Boulogne, à Marengo, au 18 brumaire, au siège de Saint-Jean-d'Acre ou même au pont d'Arcole. Il n'y a que le premier pas qui coûte ! Quoi qu'il en soit, rien que dans son dernier volume, où cependant il rend par endroits pleine justice au génie, aux éclairs du génie napoléonien, Yorck fait une énumération vraiment effrayante des fautes, des erreurs, des méprises de son héros ; erreur à Essling, erreur à Eckmühl, erreur à Vilna, erreur à la Moskowa, erreur à Dresde, erreur à Leipzig, etc., etc. ; quel dommage que Lanfrey n'ait pas vécu assez longtemps pour lire ce nouvel ouvrage où cependant la vie de Napoléon est étudiée comme un modèle à suivre (1) !

En ce qui concerne la bataille de Waterloo, les causes alléguées, causes premières et causes secondes, n'ont rien de particulier, de personnel, si j'ose dire, à la bataille elle-même. De tous ces phénomènes, il n'y en a pas un qu'on ne retrouve dans le passé de Napoléon. Examinons-en quelques-uns.

Le principal argument que donne le colonel Charras pour faire toucher du doigt la décadence intellectuelle de l'Empereur, c'est cette conversation qu'il entama, le 17 au matin, en pleins champs, avec Gérard et Grouchy, sur mille sujets étrangers à la situation du moment..... Comme si ce n'avait pas été, à toute époque de sa vie, l'habitude constante de Napoléon et la faculté maîtresse de son intelligence, de pouvoir, dans les circonstances les plus graves, quelquefois même les plus périlleuses, causer de choses infiniment diverses avec la plus grande liberté d'esprit !

Charras eût pu se rappeler que cet homme datait de Moscou des décrets sur la Comédie-Française ; et il ignorait cette page si étonnante des mémoires de Ségur où, dans la nuit même qui précéda la bataille d'Austerlitz, au moment où les Russes ac-

---

(1) Voir sur l'ouvrage du comte Yorck de Wartenbourg les deux articles de M. A. Chuquet, dans la *Revue critique* de 1885, n° 51, et de 1886, n° 44.

complissaient le fameux mouvement qui terrifiait l'état-major de Napoléon, celui-ci, entouré de tous ses généraux, s'épanchait librement dans un entretien plein de digressions brillantes, mettant tour à tour la conversation sur Corneille et Racine, sur les *Templiers* de Raynouard et sur *Iphigénie*, sur la destinée antique, le *Fatum* dans la tragédie, sur ses souvenirs de Saint-Jean-d'Acre, sur son projet d'expédition dans la Perse et les Indes, etc.; se rappelait à la fin qu'il avait d'autres choses à faire, pour le moment, et interrompait cette veillée mémorable en disant à ses généraux : « En attendant, allons nous battre. »

Pour moi, il me semble que si Napoléon, sur le chemin des Quatre-Bras, a causé des Jacobins, du Corps législatif, de mille sujets divers *et de quibusdam aliis*, devant Grouchy et avec Grouchy, au lieu de donner à son lieutenant des ordres et des instructions plus en harmonie avec la situation présente, c'est qu'il avait des raisons secrètes pour attendre encore, avant de lancer Grouchy dans ce grand inconnu de la poursuite prussienne (1).

A côté des causes premières, voici les causes secondes qui en découlent :

1º Les instructions données à Ney et à Grouchy, a-t-on dit, n'étaient pas assez précises... Mais aux plus beaux jours de sa puissance et dans les plus graves circonstances, Napoléon, s'inspirant de la pensée générale, laissait bien souvent à ses lieutenants la plus grande latitude dans la direction à prendre, dans les moyens à employer, dans l'interprétation à donner à ses ordres.

2º Berthier n'était plus là et le choix de Soult, comme chef d'état-major, était mauvais : Soult ne traduisait pas assez fidèlement, ni assez rapidement, la pensée de l'Empereur et il

---

(1) Il faut reconnaître toutefois que Napoléon a fait de son propre mouvement, à Sainte-Hélène, un aveu partiel que voici : « Je n'avais plus en moi l'instinct du succès. » S'il en fut ainsi, rien d'étonnant que ses deux principaux lieutenants, Ney et Grouchy, aient éprouvé à leur tour des défiances et des hésitations.

confiait imprudemment les dépêches les plus importantes à un seul officier, sans doubler la mission, de sorte que l'un se cassant la jambe en portant, le 15 juin, un ordre à Vandamme, le billet resta en route, et que l'autre faisant un détour épouvantable pour rejoindre Grouchy, et se trompant de chemin, n'arriva plus à temps. Il est vrai que les messagers ennemis n'étaient pas toujours plus heureux que les nôtres ; un officier de Blücher, porteur d'un billet à Wellington, est tué par une balle française en approchant des Quatre-Bras ; et cela nous a peut-être rendu un grand service ; le hussard noir de Bülow est arrêté, et Napoléon a pu prendre ses dispositions en conséquences. Chesney s'est appliqué à constater que tous les accidents mis au compte de la négligence de Soult, arrivaient tout aussi bien du temps de Berthier ; il rappelle avec Jomini, qu'en 1807, Bernadotte fut éloigné du champ de bataille d'Eylau, par suite de la capture de l'unique messager qui lui avait été envoyé, et il cite encore d'autres exemples, en s'appuyant sur les souvenirs très précis de M. de Fezensac.

Mais cependant tous ces faits allégués, ici ou là, tous ces accidents fâcheux sont réels ; tous ont certainement agi ; tous ont produit leurs conséquences. A Waterloo les conséquences ont été plus désastreuses qu'ailleurs. Pourquoi cela ? En restant dans le domaine des faits accomplis, je me bornerai à la réponse suivante :

1° Pour parvenir à battre, avec 125,000 soldats, deux armées composant un ensemble de 222,000 hommes, il fallait un plan merveilleux, idéal. Ce plan, Napoléon l'avait conçu. Mais il a été victime de cette perfection idéale en rêvant une exécution également idéale. Un plan parfait peut-il jamais s'exécuter à la lettre ? Or les Prussiens et les Anglais avaient le moyen, avec 222,000 hommes, de supporter des accidents ; ces accidents, ils purent y remédier par leur nombre même ; Bülow est retardé en défilant dans Wavre, par un incendie ; il perd deux heures dans ce village. Il avait le moyen de les perdre, parce que il apportait avec lui, un peu plus tôt, un peu plus tard, une masse d'hommes suivie bientôt d'autres masses. Mais avec les 125,000 hommes de Napoléon, de pareils accidents devaient nous être fatals. Non seulement nous n'avions pas le moyen de commettre une *faute;* mais nous n'avions pas même le moyen de subir un *accident* quelconque.

Les combinaisons de l'Empereur m'apparaissent comme un admirable mouvement d'horlogerie : tous les rouages devaient marcher avec la plus rigoureuse précision ; arrive un grain de sable, et voilà toute cette merveilleuse machine qui se détraque ; le ressort s'arrête ; le temps perdu ne peut se rattraper ; l'horloge est en retard ; ou bien le ressort se casse et le rouage est de nouveau compromis. Ce rouage admirable est à la merci d'un grain de sable. C'est sa perfection même qui fait sa fragilité. Constatons-le, regrettons-le, tirons-en pour notre gouverne, ces grands enseignements pratiques qui font qu'en histoire, l'étude des événements, — de ceux-là même qui apparaissent comme le résultat d'un concours de circonstances inéluctables ou fatales, — qui font, dis-je, que cette étude n'est jamais une recherche stérile et vaine : mais gardons-nous, en même temps, des récriminations amères, soit contre l'horloger, soit contre ses ouvriers. Je ne parle là, bien entendu, que de la bataille de Waterloo en tant que bataille de Waterloo ; pour ce qui est des causes politiques qui ont rendu cette bataille nécessaire, je pense que l'historien doit les apprécier et les juger ; que, dans ce jugement, la sévérité ne sera que de la justice et que la bonne histoire, comme la bonne politique est celle qui ne se sépare pas de la morale. Mais, dans le domaine très circonscrit où je me suis placé avec vous, sur le théâtre d'une action qui commence le 15 juin et qui finit le 18, dans ce drame de soixante heures, il faut examiner les faits avec une grande sérénité et un grand libéralisme d'esprit. Le général de Brialmont, résumant toute la polémique relative à la conduite de Grouchy, a écrit excellemment ceci : « On peut plaindre Grouchy, ce n'est pas une raison pour le conspuer ». Eh bien, Messieurs, suivons le conseil de ce soldat belge. Ne conspuons personne, ni Soult, ni Grouchy, ni Ney....., ni même Napoléon ! Ecoutons plutôt encore la grande voix d'un autre poète ; l'esclave et le tyran, dit-il, ont chacun leur compte à rendre ; mais à côté du Dieu qui punit, il y a le Dieu qui pardonne :

« Pour les héros et nous il a des poids divers. »

Et Lamartine termine son admirable pièce par cette strophe immortelle :

> Son cercueil est fermé : Dieu l'a jugé, silence !
> — Son crime et ses exploits pèsent dans la balance ;
> Que des faibles mortels la main n'y touche plus.
> Qui peut sonder, Seigneur, ta clémence infinie ?
> Et vous, fléaux de Dieu, qui sait si le génie
> N'est pas une de vos vertus ?

Messieurs, retenons cette parole et séparons-nous sur ce mot. S'il est vrai, comme l'a dit Lamartine, que le génie soit la vertu de ces fléaux de Dieu qu'on nomme les conquérants, regrettons à jamais, Messieurs, pour nos ancêtres, pour nous-mêmes et pour la postérité ; pour l'honneur et pour la patrie ; pour la France, aujourd'hui encore sanglante et mutilée ; regrettons à tout jamais que, le jour de la bataille de Waterloo, la vertu, — puisque vertu il y a, — n'ait pas été récompensée !

VERSAILLES, IMPRIMERIE CERF ET FILS, RUE DUPLESSIS, 59.

www.ingramcontent.com/pod-product-compliance
Lightning Source LLC
LaVergne TN
LVHW021712080426
835510LV00011B/1727